ESCHBACHER MINIS

Gesegnet die Mühe deiner Arbeit,
dass sie Frucht bringt und dich erfüllt.
Gesegnet der Sabbat in deinem Herzen,
dass er deine Hoffnung auf Frieden stillt.

Gesegnet deine Wünsche und deine Sehnsucht
und alles, was in dir lebendig ist.
Gesegnet die Tage und Jahre,
in denen deine Träume zu leben du nicht vergisst.

Gesegnet die Zeiten deiner Trauer,
dass du ihnen nicht entfliehst.
Gesegnet, wenn du sie durchstanden
und wieder neue Wege vor dir siehst.

Gesegnet jeder Augenblick,
der dich zur Freude
und zum Glücklichsein verführt.
Gesegnet jeder Mensch,
der mit Zärtlichkeit und Liebe dein Herz berührt.

Christa Spilling-Nöker

Jeder Augenblick zählt

Ermutigungen

schenk dir

Deine Zeit ist das
Geschenk deines Lebens.
Vertreibe sie nicht sinnlos
mit Dingen, die im Grunde
genommen nicht wichtig sind,
und schlage sie nicht tot,
weil du damit ein Stück
von dir selbst
unwiederbringlich
zerstören würdest.

Nimm dir hingegen immer
wieder Zeit für dich selbst;
sei wachsam für den
richtigen Augenblick,
wenn du einem Menschen
etwas Wesentliches sagen
oder eine Entscheidung
für dein Leben treffen willst,
damit du später nicht
Versäumtes bereuen musst,
und verschiebe das, was dir
wirklich wichtig ist, nicht auf
morgen, weil dein Leben
heute ist.

Sorge dich nicht so viel
und fürchte dich nicht heute
schon vor dem, was der morgige Tag
vielleicht an Unruhe und Last
mit sich bringt.

Wenn du den täglichen Sorgen,
Ängsten und Lustlosigkeiten
Macht über dich gibst,
verlierst du den Blick
für all das Schöne,
das du heute erleben kannst.

Öffne dich den Augenblicken,
die dich froh stimmen,
die dich lächeln lassen
und dich lebendig machen.

Schaffe dir jeden Tag Raum für etwas,
das du gern tust und das dir gut tut,
und sorge damit immer wieder
für dich selbst.

Gegen die Kraft,
die dir aus der Freude zuströmt,
verliert die Angst
ihre Macht.

Unruhe treibt dich um,
deine Gedanken eilen
deinem gegenwärtigen Tun
immer um Stunden
oder Tage voraus.
Ich wünsche dir, dass du
bleiben kannst bei dem,
was dir in diesem Augenblick
geschenkt, was gerade jetzt
von dir gefordert wird,
dass du die Gegenwart als dein
Leben erfährst und ganz sein
kannst in dem, was ist.

Schaue nicht bei allem, was du tust,
auf die Uhr und wünsche dir nicht ständig,
dass diese Stunde erst vorüber,
dass dieser Tag und diese Woche,
oder dieser Monat oder dieses Jahr
doch endlich durchstanden und vorbei
sein möchten, denn damit verwünschst du
auf Dauer dich selbst.
Auch in den mühsamen Stunden und Tagen
kannst du irgendetwas Schönes entdecken,
etwas, das dich froh stimmt und dich
lächeln lässt, Augenblicke, die dich erinnern,
dass auch dieser Tag dein Leben ist.

Was hindert dich eigentlich daran,
endlich den seit langem immer wieder
aufgeschobenen Schritt zu tun
und das lösende Wort zu finden?
Ist es dein Stolz, die Angst, dir etwas
zu vergeben oder einfach nur Nachlässigkeit?
Was hindert dich, heute den notwendigen
Schritt zu tun und das lösende Wort
zu finden, das Versöhnung stiften und
zu neuer Begegnung befreien kann?
Morgen könnte es zu spät sein.

Es ist eine Gnade,
wenn du hoffen kannst,
ohne die Realitäten
aus deiner Wahrnehmung
zu verdrängen,
wenn du zu warten vermagst,
ohne dich selbst
in Ungeduld zu verlieren,
wenn du zu träumen wagst,
ohne etwas erzwingen zu wollen,
wenn du den richtigen Augenblick
erspüren und ergreifen kannst
für das, was du willst.

Du bist mit so vielem
an dir nicht einverstanden;
immer wieder entdeckst du
Seiten an dir,
die andere stören und die du
selbst an dir zu bekämpfen suchst.
Immer wieder versuchst du
über deinen Schatten zu springen
und bist verzweifelt,
wenn es dir nicht gelingen will.
Aber du weißt, dass Schatten
eine Folge von Licht ist,
das ihn verursacht.
So ist auch jede deiner dunklen
Seiten nur das Gegenüber von dem,
was an Hellem, an Schönem
und Liebenswertem in dir ist.
Das, was dir an dir selbst
nicht gefällt, kann dir so
Wegweiser zu deinem eigenen
inneren Reichtum sein,
kann dir helfen,
JA zu sagen zu dir.

Lebe deine

Hat dir schon einmal
ein Mensch gesagt,
dass du schön bist,
dass sich tief in deiner Seele
eine innere Schönheit verbirgt,
dass du durch dein Lachen
einen Menschen froh machen
und dich durch den Ernst
deines Schweigens
ganz auf einen anderen
einstimmen kannst?
Ahnst du eigentlich,
wie viele Möglichkeiten,
welch kostbare Begabungen
noch in dir schlummern,
die im Laufe deines Lebens
von dir betreut werden wollen,
um dich zu der Vollendung
deiner einmaligen Schönheit hin
wachsen und reifen zu lassen?

Manches in dir
fügt sich,
wenn du dich nicht
allem fügst.

Träume

Manchmal bricht die Welt über dir
und in dir zusammen.
Chaos überflutet dich, und du
weißt nicht mehr aus noch ein.
Aber wenn du bedenkst,
dass Gott aus Chaos die ganze Welt
erschaffen hat, dann liegt die Chance
zur Neuschöpfung deines Lebens
jetzt vor dir.

Warum hast du so viel Angst
vor deiner eigenen Lebendigkeit?
Das Leben wird erst da bunt,
vielfältig und tief,
wo du es ganz in dich hineinfließen
und ganz aus dir herausströmen lässt
- wo es dich bewegt -.
Lass dich hineinfallen
in das Leben,
und es wird dir seinen Reichtum
nicht verweigern.

Jeder Augenblick zählt

Manchmal hast du das Gefühl,
dass du in der Luft hängst
und keinen Boden mehr
unter den Füßen hast.
Aber vielleicht
ist das die Gelegenheit
die Flügel auszuspannen
und zum Engel zu werden:
gottnah
auf dem Höhenflug deiner Träume
und in der Tiefe deines Schmerzes,
gottnah
in der Bewegung hin zu dir selbst.

Bewahre dir
deine Erinnerungen,
die schönen, die freundliche
Bilder in dir aufsteigen lassen,
aber auch die,
auf die du lieber
verzichten würdest,
Erfahrungen, die dich verletzt
und die dir wehgetan haben,
denn es sind gerade die Wunden,
durch die das Wunder
der Wandlung möglich wird.

Wenn du einen Menschen verlierst,
den du geliebt hast, dann stirbt
ein Stück deines Lebens mit ihm.
Aber wenn du dir etwas von dem
bewahrst, das sich dir durch ihn
an innerem Reichtum
erschlossen hat,
wird er in dir gegenwärtig
und durch dich hindurch
auch in Zukunft lebendig sein.

Plötzlich geht so vieles
zu Ende von dem,
was dich lange Zeit hin belebt
und dein Leben mit Sinn erfüllt hat.
Der Schmerz darüber, der noch
Zeichen von Lebendigkeit war,
macht einer großen inneren Leere Raum.
Das Gefühl von Sinnlosigkeit
macht sich breit in dir.
Aber nur da, wo du Vergangenes
wirklich zurücklassen kannst,
kann Neues entstehen,
nur da, wo verbrauchtes Leben stirbt,
hat befreite Zukunft eine Chance.

Hast du schon einmal erlebt,
dass ein Mensch dich getröstet hat
 - wirklich getröstet -,
dir die Tränen abgewischt
und dich in die Arme geschlossen hat,
so dass du ganz tief drinnen gespürt hast:
Hier bin ich zuhause, nichts in der Welt
kann mir noch etwas anhaben,
hier bin ich geborgen und aufgehoben.
Wenn du solches
 - einen Augenblick lang -
erfahren hast,
weißt du
um die göttliche Ewigkeit.

Lass Trauer zu!

Wenn du allein bist
und nicht weißt,
wohin mit all deinen Fragen
und der Not deiner Unfertigkeiten,
dann möge es immer eine Tür geben,
die sich dir öffnet und dich einlädt
in das Licht von Vertrautheit und Wärme,
von Freundschaft und Liebe,
eine Tür,
die dich eintreten lässt
in Räume der Zuversicht,
auch in dir selbst.

Was ich dir sagen möchte,
kann ich dir nicht sagen.
Jedes Wort von mir würde wieder
neue Steine auf die Mauer
unseres Schweigens schichten,
die zwischen uns aufgerichtet ist.
Jedes Schweigen aber
zementiert die Sprachlosigkeit
noch um einige Grade mehr.
Ob ein Lächeln von mir
die Wände
zu durchdringen vermag?

Manchmal sind es die Träume,
die dich überwintern lassen,
die dich in der Zeit
abgestorbener Liebe
und erfrorener Hoffnung
in zarten Bildern ahnen lassen,
dass kahle Zweige morgen
wieder Knospen treiben.

Auch die Zeit der Wüste,
das Leiden am Mangel
und das Gefühl von Trostlosigkeit
haben ihren Sinn.
Der Weg führt
- durch die Wüste hindurch -
in neues Land,
wo jeder satt wird
in seinem Lebenshunger
und jede Sehnsucht
gestillt wird.
Auch du bist
auf dem Weg dorthin.

Dass du endlich einmal
geborgen bist,
ankommen darfst
bei dir selbst,
um Wurzeln zu schlagen
und dich zu gründen,
um Heimat zu finden
und zu wissen,
wo du zuhause bist, -
das wünsche ich dir.

Ich wünsche dir,
dass dich in der Nacht
ein Engel leise berührt,
dass er helle Bilder
in deine Träume senkt
und dich mit den
Quellen des Lichts
in deiner Seele
in Berührung bringt,
damit die Zukunft
dir mit Freude
und Frieden
entgegenströmt.

Fürchte dich nicht vor den dunklen
Stunden, denn auf jede Nacht
folgt ein Tag.
So wie uns die Nacht hilft,
neue Kräfte zu sammeln für all das,
was uns am kommenden Tag
abverlangt wird, so können wir auch hoffen,
dass unsere Traurigkeiten
ein Rückzug unserer Seele sind,
um in der Stille neuen Lebensmut
wachsen und aufbrechen zu lassen,
dem Licht eines neuen Morgens
entgegen.

Wenn ich dir begegne,
verwandelt sich
meine Dunkelheit in Licht,
meine Zaghaftigkeit in Mut
und meine Angst in Zuversicht.
Durch dich finde ich
zu meiner Mitte,
aus der heraus ich
leben und lieben kann.

Ich wünsche dir,
dass das Glück
in dir Wurzeln schlägt
und die Freude dich
zu gespannter Erwartung
auf die Überraschungen
des Lebens hinbewegt.

Ich wünsche dir,
dass fröhliche Lieder in dir
deine Lebendigkeit
zum Klingen bringen
und tanzend
neue Kreise ziehen.

Ich wünsche dir,
dass sich die Zuversicht
hell wie das Morgenlicht
auf deinen Wegen
ausbreitet
und dich beschwingt
der Zukunft
entgegengehen lässt.

Öffne dich der

Ich wünsche dir,
dass du glücklich wirst,
dass du dich frei
und ungehindert
in die Freude
hineinfallen lassen kannst
und dich treiben lässt
in lebensfroher
Seligkeit.

Feiere bisweilen dein Leben.
Feiere, dass du gesund bist,
dass dir das Leben mit
Herausforderungen begegnet.

Feiere das Geschenk
von Freundschaften
und deine Fähigkeit
zu lieben.

Feiere deine kleinen
alltäglichen Erfolge
und die Entscheidungen,
die dich einen Schritt dir selbst
näher gebracht haben.

Feiere, dass einer
JA zu dir sagt.

Freude,
lach in mein Herz,
weite die innere Enge,
vertiefe die Spuren der Liebe,
treibe die dunklen Gedanken
weit über die Berge
dahin.

Wenn ich in der Ferne
an dich denke,
so möchte ich dir
über Wolken und Wind
einen guten Gedanken
herüberschicken,
einen Gedanken,
der dich von innen her
erfrischt,
der dich wärmt
und deinen Rücken stärkt,
einen Gedanken,
der dich spüren lässt,
dass du in meiner Liebe
geborgen bist.

Du bist für mich
das Licht
eines neuen Morgens
und die Sonne,
die mich durchwärmt.

Du bist
die Quelle
meiner Lebendigkeit
und der Grund,
auf dem ich stehen kann.

Du bist
die Luft,
die mich atmen lässt,
und das Feuer,
das meine Liebe entfacht.

Du bist
das Brot,
das meine Hoffnung nährt,
und der Wein,
der mich stärkt.

Ein Segen,
dass es dich gibt,
ein Segen.

Der helfend-heilende Gott,
Fülle allen Lebens,

umwärme dich
in deiner Verlorenheit,

trage dich
in deiner Unsicherheit,

stärke dich
in deiner Schwachheit,

führe dich
in deiner Orientierungslosigkeit,

belebe dich
in deiner Starrheit,

ermutige dich
in deiner Verzagtheit,

und richte dich auf
aus deiner Verkrümmtheit.

So sollst du befreit,
aufrecht und aufrichtig leben.

So sollst du gesegnet sein
Tag für Tag.

Christa Spilling-Nöker, geboren 1950 in Hamburg, ist Pfarrerin der badischen Landeskirche und zur Zeit als Religionslehrerin in Karlsruhe tätig. Sie hat eine tiefenpsychologische Zusatzausbildung.
Zahlreiche Veröffentlichungen.
Lieferbare Titel im Verlag am Eschbach:
Der Himmel ist in dir. Segensworte (Geschenkheft 108-0/Geschenkbuch 262-1).
Hoffnung hat heilende Kraft. Gute Wünsche zur Genesung
(Geschenkheft 273-7/ Geschenkbuch 278-8).
Jeder Augenblick zählt. Segensworte (Geschenkbuch 263-X).
Komm, mein Engel, komm. Beflügelnde Worte für jeden Tag
(Geschenkheft 222-2 / Geschenkbuch 253-2 / Mini 523-X).
Lass deine Sehnsucht träumen. Von der Weihnachtshoffnung (Geschenkheft 543-4).
Leuchtende Nacht. Gedanken zur Weihnachtszeit (Geschenkheft 247-8).
Liebe das Leben. Ermutigungen (Geschenkheft 264-8/ Geschenkbuch 267-2).
Nimm jede Stunde als Geschenk. Ermutigungen und Segensworte (Geschenkheft 510-8).
Vom Baum lernen jeden Tag neu. Wünsche für den Lebensweg (Geschenkheft 550-7).
Zärtlichkeit wagen. Eine Wegbegleitung (Geschenkheft 290-7/Geschenkbuch 298-2).
Zarte Frühlingsfarben wünsch ich dir (Geschenkheft 171-4).
Mit Fotografien von **Klaus Ender**, Bergen auf Rügen (1. und 4. Umschlagseite, S. 3, 6/7, 12, 20 und 22) und **Ulrike Schneiders**, Breitbrunn/Chiemsee (S. 4, 5, 8, 9, 10, 11, 12/13, 14, 15, 16, 17, 18, 19 und 21).

Bibliographische Information der Deutschen Bibliothek
Die Deutsche Bibliothek verzeichnet diese Publikation in der Deutschen
Nationalbibliographie; detaillierte bibliographische Daten sind im Internet über
http://dnb.ddb.de abrufbar.

ISBN 3-88671-553-1
© 2006 Verlag am Eschbach der Schwabenverlag AG
Im Alten Rathaus/Hauptstr. 37
D-79427 Eschbach/Markgräflerland
Alle Rechte vorbehalten.

www.verlag-am-eschbach.de

Gestaltung: Ulli Wunsch, Wehr.
Satz und Repro: media gmbh, Ostfildern-Ruit.
Herstellung: Süddeutsche Verlagsgesellschaft Ulm.

Wegbegleitung und Ermutigung für jeden Tag:

Max Feigenwinter
Dieser Tag ist dir geschenkt
3-88671-**520**-5

Eine Ermutigung an guten und an schweren Tagen:

Antje Sabine Naegeli
Ich spanne die Flügel des Vertrauens aus
3-88671-**522**-1

Engelbilder und beflügelnde Worte für jeden Tag:

Christa Spilling-Nöker
Komm, mein Engel, komm
3-88671-**523**-X

Tag für Tag in die Kraft des Segens eintreten:

Pierre Stutz
Lächle dem Leben zu
3-88671-**524**-8

Ermutigende Worte für das ganze Leben:

Christa Spilling-Nöker
Jeder Augenblick zählt
3-88671-**553**-1

Eine aufbauende Geschichte über Wurzeln und Flügel:

Suse Anthony
Das Märchen vom Löwenzahn
3-88671-**554**-X

ALLE MINIS HABEN 24 SEITEN UND SIND VIERFARBIG